Meeting Notebook

Name:

_____

Phone:

_____

Email:

_____

Meeting _____

Date : _____ Time: _____

Organizer:	
Purpose:	
Details:	
Location:	

Agenda

Schedule:	Topic

Special Notes

_____

_____

_____

_____

Notes

-
-
-
-
-
-
-
-
-
-
-
-
-
-
-
-

Notes

-
-
-
-
-
-
-
-
-
-
-
-
-
-
-
-
-

Notes

- _____
- _____
- _____
- _____
- _____
- _____
- _____
- _____
- _____
- _____
- _____
- _____
- _____
- _____
- _____
- _____

Meeting _____

Date : _____ Time: _____

Organizer:	
Purpose:	
Details:	
Location:	

Agenda

Schedule:	Topic

Special Notes

_____

_____

_____

_____

Notes

-
-
-
-
-
-
-
-
-
-
-
-
-
-
-

Notes

-

-

-

-

-

-

-

-

-

-

-

-

-

-

-

-

Notes

-
-
-
-
-
-
-
-
-
-
-
-
-
-
-
-

Meeting _____

Date : _____ Time: _____

Organizer:	
Purpose:	
Details:	
Location:	

Agenda

Schedule:	Topic

Special Notes

_____

_____

_____

_____

Notes

- _____
- _____
- _____
- _____
- _____
- _____
- _____
- _____
- _____
- _____
- _____
- _____
- _____
- _____
- _____

Notes

-
-
-
-
-
-
-
-
-
-
-
-
-
-
-
-

Notes

-
-
-
-
-
-
-
-
-
-
-
-
-
-
-
-

Meeting _____

Date : _____ Time: _____

Organizer:	
Purpose:	
Details:	
Location:	

Agenda

Schedule:	Topic

Special Notes

_____

_____

_____

_____

Notes

-
-
-
-
-
-
-
-
-
-
-
-
-
-
-
-

Notes

-
-
-
-
-
-
-
-
-
-
-
-
-
-
-
-
-

Notes

-
-
-
-
-
-
-
-
-
-
-
-
-
-
-
-

Meeting _____

Date : _____ Time: _____

Organizer:	
Purpose:	
Details:	
Location:	

Agenda

Schedule:	Topic

Special Notes

_____

_____

_____

_____

Notes

-
-
-
-
-
-
-
-
-
-
-
-
-
-
-
-

Notes

-

-

-

-

-

-

-

-

-

-

-

-

-

-

-

-

Notes

-
-
-
-
-
-
-
-
-
-
-
-
-
-
-
-

Meeting _____

Date : _____ Time: _____

Organizer:	
Purpose:	
Details:	
Location:	
.	

Agenda

Schedule:	Topic

Special Notes

_____

_____

_____

_____

Notes

- _____
- _____
- _____
- _____
- _____
- _____
- _____
- _____
- _____
- _____
- _____
- _____
- _____
- _____
- _____
- _____

Notes

-
-
-
-
-
-
-
-
-
-
-
-
-
-
-
-
-

Notes

-
-
-
-
-
-
-
-
-
-
-
-
-
-
-
-

Meeting _____

Date : _____ Time: _____

Organizer:	
Purpose:	
Details:	
Location:	

Agenda

Schedule:	Topic

Special Notes

_____

_____

_____

_____

Notes

- _____
- _____
- _____
- _____
- _____
- _____
- _____
- _____
- _____
- _____
- _____
- _____
- _____
- _____
- _____
- _____

Notes

-
-
-
-
-
-
-
-
-
-
-
-
-
-
-
-
-

Notes

-
-
-
-
-
-
-
-
-
-
-
-
-
-
-
-

Meeting _____
Date : _____ Time: _____

Organizer:	
Purpose:	
Details:	
Location:	

Agenda

Schedule:	Topic

Special Notes

_____

_____

_____

_____

Notes

-
-
-
-
-
-
-
-
-
-
-
-
-
-
-

Notes

-
-
-
-
-
-
-
-
-
-
-
-
-
-
-
-
-

Notes

- _____
- _____
- _____
- _____
- _____
- _____
- _____
- _____
- _____
- _____
- _____
- _____
- _____
- _____
- _____
- _____
- _____

Meeting _____

Date : _____ Time: _____

Organizer:	
Purpose:	
Details:	
Location:	

Agenda

Schedule:	Topic

Special Notes

_____

_____

_____

_____

Notes

-
-
-
-
-
-
-
-
-
-
-
-
-
-
-
-

Notes

- _____
- _____
- _____
- _____
- _____
- _____
- _____
- _____
- _____
- _____
- _____
- _____
- _____
- _____
- _____
- _____

Notes

-
-
-
-
-
-
-
-
-
-
-
-
-
-
-

Meeting _____

Date : _____ Time: _____

Organizer:	
Purpose:	
Details:	
Location:	

Agenda

Schedule:	Topic

Special Notes

_____

_____

_____

_____

Notes

-
-
-
-
-
-
-
-
-
-
-
-
-
-
-
-
-

Notes

-
-
-
-
-
-
-
-
-
-
-
-
-
-
-
-

Notes

- _____
- _____
- _____
- _____
- _____
- _____
- _____
- _____
- _____
- _____
- _____
- _____
- _____
- _____
- _____
- _____
- _____

Meeting _____

Date : _____ *Time:* _____

Organizer:	
Purpose:	
Details:	
Location:	

Agenda

Schedule:	*Topic*

Special Notes

_____

_____

_____

_____

Notes

-
-
-
-
-
-
-
-
-
-
-
-
-
-
-

Notes

-
-
-
-
-
-
-
-
-
-
-
-
-
-
-
-
-

Notes

-
-
-
-
-
-
-
-
-
-
-
-
-
-
-
-

Meeting _____

Date : _____ *Time:* _____

Organizer:	
Purpose:	
Details:	
Location:	

Agenda

Schedule:	*Topic*

Special Notes

_____

_____

_____

_____

Notes

- _____
- _____
- _____
- _____
- _____
- _____
- _____
- _____
- _____
- _____
- _____
- _____
- _____
- _____
- _____
- _____

Notes

-
-
-
-
-
-
-
-
-
-
-
-
-
-
-
-
-

Notes

-
-
-
-
-
-
-
-
-
-
-
-
-
-
-
-

Meeting _____

Date : _____ Time: _____

Organizer:	
Purpose:	
Details:	
Location:	

Agenda

Schedule:	Topic

Special Notes

_____

_____

_____

_____

Notes

-
-
-
-
-
-
-
-
-
-
-
-
-
-
-
-

Notes

-
-
-
-
-
-
-
-
-
-
-
-
-
-
-
-

Notes

-
-
-
-
-
-
-
-
-
-
-
-
-
-
-
-

Meeting _____

Date : _____ Time: _____

Organizer:	
Purpose:	
Details:	
Location:	

Agenda

Schedule:	Topic

Special Notes

_____

_____

_____

_____

Notes

-
-
-
-
-
-
-
-
-
-
-
-
-
-
-

Notes

-
-
-
-
-
-
-
-
-
-
-
-
-
-
-
-

Notes

-
-
-
-
-
-
-
-
-
-
-
-
-
-
-
-

Meeting _____
Date : _____ Time: _____

Organizer:	
Purpose:	
Details:	
Location:	

Agenda

Schedule:	Topic

Special Notes

_____
_____
_____
_____

Notes

- _____

- _____

- _____

- _____

- _____

- _____

- _____

- _____

- _____

- _____

- _____

- _____

- _____

- _____

- _____

- _____

Notes

-
-
-
-
-
-
-
-
-
-
-
-
-
-
-
-

Notes

-
-
-
-
-
-
-
-
-
-
-
-
-
-
-
-

Meeting _____

Date :_____ Time:_____

Organizer:	
Purpose:	
Details:	
Location:	

Agenda

Schedule:	Topic

Special Notes

_____
_____
_____
_____

Notes

- _____

- _____

- _____

- _____

- _____

- _____

- _____

- _____

- _____

- _____

- _____

- _____

- _____

- _____

- _____

Notes

- _____
- _____
- _____
- _____
- _____
- _____
- _____
- _____
- _____
- _____
- _____
- _____
- _____
- _____
- _____
- _____

Notes

- _____
- _____
- _____
- _____
- _____
- _____
- _____
- _____
- _____
- _____
- _____
- _____
- _____
- _____
- _____
- _____

Meeting _____

Date : _____ Time: _____

Organizer:	
Purpose:	
Details:	
Location:	

Agenda

Schedule:	Topic

Special Notes

_____

_____

_____

_____

Notes

-
-
-
-
-
-
-
-
-
-
-
-
-
-
-

Notes

- _____
- _____
- _____
- _____
- _____
- _____
- _____
- _____
- _____
- _____
- _____
- _____
- _____
- _____
- _____
- _____

Notes

-
-
-
-
-
-
-
-
-
-
-
-
-
-
-
-

Meeting _____

Date : _____ Time: _____

Organizer:	
Purpose:	
Details:	
Location:	

Agenda

Schedule:	Topic

Special Notes

_____

_____

_____

_____

Notes

-
-
-
-
-
-
-
-
-
-
-
-
-
-
-

Notes

-
-
-
-
-
-
-
-
-
-
-
-
-
-
-
-
-

Notes

Meeting _____

Date : _____ Time: _____

Organizer:	
Purpose:	
Details:	
Location:	

Agenda

Schedule:	Topic

Special Notes

_____

_____

_____

_____

Notes

- _____
- _____
- _____
- _____
- _____
- _____
- _____
- _____
- _____
- _____
- _____
- _____
- _____
- _____
- _____
- _____

Notes

-
-
-
-
-
-
-
-
-
-
-
-
-
-
-
-
-

Notes

-
-
-
-
-
-
-
-
-
-
-
-
-
-
-
-
-

Meeting _____

Date :_____ Time:_____

Organizer:	
Purpose:	
Details:	
Location:	

Agenda

Schedule:	Topic

Special Notes

_____

_____

_____

_____

Notes

-
-
-
-
-
-
-
-
-
-
-
-
-
-
-
-

Notes

- _____
- _____
- _____
- _____
- _____
- _____
- _____
- _____
- _____
- _____
- _____
- _____
- _____
- _____
- _____
- _____

Notes

- _____
- _____
- _____
- _____
- _____
- _____
- _____
- _____
- _____
- _____
- _____
- _____
- _____
- _____
- _____

Meeting _____

Date : _____ *Time:* _____

Organizer:	
Purpose:	
Details:	
Location:	

Agenda

Schedule:	*Topic*

Special Notes

_____

_____

_____

_____

Notes

-
-
-
-
-
-
-
-
-
-
-
-
-
-
-
-

Notes

-
-
-
-
-
-
-
-
-
-
-
-
-
-
-
-
-

Notes

-
-
-
-
-
-
-
-
-
-
-
-
-
-
-
-
-

Meeting _____
Date : _____ Time: _____

Organizer:	
Purpose:	
Details:	
Location:	

Agenda

Schedule:	Topic

Special Notes

_____
_____
_____
_____

Notes

- _____
- _____
- _____
- _____
- _____
- _____
- _____
- _____
- _____
- _____
- _____
- _____
- _____
- _____
- _____
- _____

Notes

-
-
-
-
-
-
-
-
-
-
-
-
-
-
-
-
-

Notes

-
-
-
-
-
-
-
-
-
-
-
-
-
-
-
-

Meeting _____

Date : _____ Time: _____

Organizer:	
Purpose:	
Details:	
Location:	

Agenda

Schedule:	Topic

Special Notes

_____

_____

_____

_____

Notes

-
-
-
-
-
-
-
-
-
-
-
-
-
-
-
-

Notes

-
-
-
-
-
-
-
-
-
-
-
-
-
-
-
-

Notes

-
-
-
-
-
-
-
-
-
-
-
-
-
-
-
-

Meeting _____
Date : _____ Time: _____

Organizer:	
Purpose:	
Details:	
Location:	

Agenda

Schedule:	Topic

Special Notes

_____
_____
_____
_____

Notes

-
-
-
-
-
-
-
-
-
-
-
-
-
-
-
-
-

Notes

-
-
-
-
-
-
-
-
-
-
-
-
-
-
-
-
-

Notes

-
-
-
-
-
-
-
-
-
-
-
-
-
-
-
-

Meeting _____

Date : _____ Time: _____

Organizer:	
Purpose:	
Details:	
Location:	

Agenda

Schedule:	Topic

Special Notes

_____

_____

_____

_____

Notes

-
-
-
-
-
-
-
-
-
-
-
-
-
-
-
-

Notes

-
-
-
-
-
-
-
-
-
-
-
-
-
-
-
-
-

Notes

- _____
- _____
- _____
- _____
- _____
- _____
- _____
- _____
- _____
- _____
- _____
- _____
- _____
- _____
- _____
- _____

Meeting _____

Date : _____ Time: _____

Organizer:	
Purpose:	
Details:	
Location:	

Agenda

Schedule:	Topic

Special Notes

_____

_____

_____

_____

Notes

-

-

-

-

-

-

-

-

-

-

-

-

-

-

-

Notes

- _____
- _____
- _____
- _____
- _____
- _____
- _____
- _____
- _____
- _____
- _____
- _____
- _____
- _____
- _____
- _____
- _____

Notes

- _____
- _____
- _____
- _____
- _____
- _____
- _____
- _____
- _____
- _____
- _____
- _____
- _____
- _____
- _____
- _____

Meeting _____

Date : _____ Time: _____

Organizer:	
Purpose:	
Details:	
Location:	

Agenda

Schedule:	Topic

Special Notes

_____

_____

_____

_____

Notes

-

-

-

-

-

-

-

-

-

-

-

-

-

-

-

Notes

- _____
- _____
- _____
- _____
- _____
- _____
- _____
- _____
- _____
- _____
- _____
- _____
- _____
- _____
- _____
- _____

Notes

- _____
- _____
- _____
- _____
- _____
- _____
- _____
- _____
- _____
- _____
- _____
- _____
- _____
- _____
- _____
- _____

Meeting _____
Date : _____ Time: _____

Organizer:	
Purpose:	
Details:	
Location:	

Agenda

Schedule:	Topic

Special Notes

_____

_____

_____

_____

Notes

-
-
-
-
-
-
-
-
-
-
-
-
-
-
-
-
-

Notes

-
-
-
-
-
-
-
-
-
-
-
-
-
-
-

Notes

-
-
-
-
-
-
-
-
-
-
-
-
-
-
-
-
-

Meeting _____

Date : _____ Time: _____

Organizer:	
Purpose:	
Details:	
Location:	

Agenda

Schedule:	Topic

Special Notes

_____

_____

_____

_____

Notes

-
-
-
-
-
-
-
-
-
-
-
-
-
-
-
-

Notes

-
-
-
-
-
-
-
-
-
-
-
-
-
-
-
-
-

Notes

-
-
-
-
-
-
-
-
-
-
-
-
-
-
-
-

www.ingramcontent.com/pod-product-compliance
Lightning Source LLC
Chambersburg PA
CBHW072148170526
45158CB00004BA/1548